LA VIE DE MARIANNE, OU LES AVANTURES DE MADAME LA COMTESSE DE ***

Par Monsieur DE MARIVAUX.

ONZIE'ME PARTIE.

A LA HAYE,
Chez JEAN NEAULME.

M. DCC. XLI.

LA VIE DE MARIANNE, OU LES AVANTURES DE MADAME LA COMTESSE DE ***.

IL me semble vous entendre d'ici, Madame; quoi, vous écriez-vous, encore une Partie ! quoi trois tout de suite ! Eh par quelle raison vous plaît-il d'écrire si diligemment l'Histoire d'autrui, pendant que vous avez été si lente à continuer la vôtre ? ne seroit-ce pas que la Religieuse auroit elle-même écrit la sienne ; qu'elle vous auroit laissé son Manuscrit, & que vous le copiez ?

Non, Madame, non, je ne copie rien ; je me ressouviens de ce que ma Religieuse m'a dit, de même que je me ressouviens de ce qui m'est arrivé ; ainsi le récit de sa vie ne me coûte pas moins que le récit de la mienne, & ma diligence vient de ce que je me corrige, voilà tout le mystere ; vous ne m'en croirez pas, mais vous le verrez, Madame, vous le verrez. Poursuivons.

Nous nous retrouvâmes sur le soir dans ma chambre, ma Religieuse & moi.

Voulez-vous, me dit-elle, que j'abrege le reste de mon Histoire, non que je n'aye le tems de la finir cette fois ci ; mais j'ai quelque confusion de vous parler si longtems de moi, & je ne demande pas mieux que de passer rapidement ſur bien des choſes, pour en venir à ce qu'il eſt eſſentiel que vous ſçachiez ?

Non, Madame, lui répondis-je, ne paſſez rien je vous en conjure ; depuis que je vous écoute je ne ſuis plus ce me ſemble ſi étonnée des évenemens de ma vie, je n'ai plus une opinion ſi triſte de mon ſort ; s'il eſt fâcheux d'avoir comme moi perdu ſa mere, il ne l'eſt guere moins d'avoir comme vous été abandonnée de la ſienne ; nous avons toutes deux été différemment à plaindre ; vous avez eu vos reſſources, & moi les miennes. A la vérité je crois juſqu'ici que mes malheurs ſurpaſſent les vôtres ; mais quand vous aurez tout dit, je changerai peut-être de ſentiment.

Je n'en doute pas, me dit-elle, achevons.

Je vous ai dit que mon voyage étoit réſolu, & je partis quelques jours après, avec la Dame dont je vous ai parlé.

J'avois été payée d'une moitié de ma pension, & cette somme que Madame de Veniere avoit bien voulu recevoir pour moi sur ma quittance, avoit été donnée de fort bonne grace, Madame Dursan avoit même offert de l'augmenter.

Nous ne serons pas long-tems sans vous suivre, me dit-elle, la veille de mon départ ; mais si par quelque accident imprevû vous avez besoin de plus d'argent avant que nous soyons à Paris, écrivez-moi, Mademoiselle, & je vous en envoyerai sur le champ.

Ce discours fut suivi de beaucoup de protestations d'amitié qui n'avoient qu'un défaut, c'est qu'elles étoient trop polies, je les aurois crû plus vrayes, si elles avoient été plus simples : le bon cœur ne fait point de complimens.

Quoiqu'il en soit je partis, toujours incertaine du fond de ses sentimens, & par-là toujours inquiéte du parti qu'elle prendroit ; mais en revanche bien convaincuë de la tendresse du fils.

Je ne vous en dirai que cela, je n'ai que trop souffert du ressouvenir de ce qu'il me dit alors, aussi-bien que dans d'autres tems ; il a fallu les oublier ces expressions, ces transports, ces regards, cette physionomie si touchante qu'il avoit avec moi & que je vois encore, il a fallu n'y plus songer, & malgré l'état que j'ai embrassé, je n'ai pas eu trop de quinze ans pour en perdre la mémoire.

C'étoit dans un Carosse de voiture que nous voyagions ma compagne & moi, & nous n'étions plus qu'à vingt lieuës de Paris, quand dans un endroit où l'on s'arrêta quelque tems le matin pour rafraîchir les chevaux, il vint une Dame qui demanda s'il y avoit une place pour elle dans la Voiture.

Elle étoit ſuivie d'une Payſanne qui portoit une caſſette, & qui tenoit un ſac de nuit ſous ſon bras. Oüi, lui dit le Cocher, il y a encore une place de vuide à la portiere.

Eh bien je la prendrai, répondit la Dame, qui la paya ſur le champ, & qui monta tout de ſuite en caroſſe, après nous avoir tous ſalués d'un air qui avoit de la dignité, quoique très-honnête, & qui ne ſentoit point la politeſſe de campagne. Tout le monde le remarqua, & je le remarquai plus que les autres.

Elle étoit aſſiſe à côté d'un vieux Eccléſiaſtique qui alloit plaider à Paris. Ma Compagne & moi, nous rempliſſions le fond du devant; celui de derriere étoit occupé par un homme âgé, indiſpoſé, & par ſa femme. Dans l'autre portiere, étoient un Officier, & la Femme de chambre de la Dame avec qui je voyageois, & qui avoit encore un Laquais qui suivoit le Carosse à cheval.

Cette Inconnuë que nous prîmes en chemin, étoit grande, bienfaite, je lui aurois donné près de cinquante ans, cependant elle ne les avoit pas; on eut dit qu'elle relevoit de maladie, & cela étoit vrai. Malgré sa pâleur & son peu d'embompoint, on lui voyoit les plus beaux traits du monde avec un tour de visage admirable, & je ne sçai quoi de fin qui faisoit penser qu'elle étoit une femme de distinction. Toute sa figure avoit un air d'importance naturelle qui ne vient pas de fierté, mais de ce qu'on est accoutumé aux attentions, & même aux respects, de ceux avec qui l'on vit dans le grand monde.

A peine avions-nous fait une

lieuë depuis la Beuvette, que le mouvement de la Voiture incommoda notre nouvelle venuë.

Je la vis pâlir, ce qui fut bientôt ſuivi de maux de cœur.

On voulut faire arrêter, mais elle dit que ce n'étoit pas la peine, & que cela ne dureroit pas, & comme j'étois la plus jeune de toutes les perſonnes qui occupoient les meilleures places, je la preſſai beaucoup de ſe mettre à la mienne, & l'en preſſai d'une maniere auſſi ſincere qu'obligeante.

Elle parut extrêmement touchée de mes inſtances, me fit ſentir combien elle les eſtimoit de ma part, & mêla même quelque choſe de ſi flatteur pour moi dans ce qu'elle me répondit, que mes empreſſemens en redoublerent; mais il n'y eut pas moyen de la perſuader, & en effet ſon indiſpoſition ſe paſsât.

Comme elle étoit placée auprès

de moi, nous avions de tems en tems de petites converſations enſemble.

La Dame que j'ai appellée ma Compagne, & qui étoit d'un certain âge, m'appelloit preſque toujours ſa fille quand elle me parloit; & là-deſſus notre Inconnuë crût qu'elle étoit ma mere.

Non, lui dis-je, c'eſt une amie de ma famille qui a eu la bonté de ſe charger de moi juſqu'à Paris, où nous allons toutes deux, elle pour recueillir une ſucceſſion, & moi pour joindre ma mere qu'il y a long-tems que je n'ai vûë.

Je voudrois bien être cette mere là, me dit-elle d'un air doux & careſſant, ſans me faire de queſtions ſur le Pays d'où je venois, & ſans me parler de ce qui la regardoit.

Nous arrivâmes à l'endroit où nous devions dîner; il faiſoit un fort beau jour, & il y avoit dans l'Hôtellerie un jardin qui me parut assez joli. Je fus curieuse de le voir, & j'y entrai. Je m'y promenai même quelques instans pour me délasser d'avoir été assise toute la matinée.

Madame Darcire (c'est le nom de ma Compagne) étoit à l'entrée de ce jardin avec l'Ecclésiastique dont je vous ai parlé, pendant que l'Officier ordonnoit notre dîné, l'autre voyageur incommodé & sa femme étoient déja montés dans la chambre où l'on devoit nous servir, & où ils nous attendoient.

L'Officier revint, & dit à Madame Darcire qu'il ne nous manquoit que notre nouvelle venuë qui s'étoit retirée, & qui apparemment avoit dessein de manger à part.

Je me promenois alors dans un petit bois que cette Dame eut envie de voir aussi. L'Ecclésiastique & l'Officier la suivirent, & il y avoit déja une bonne demie-heure que nous nous y amusions quand le Laquais de Madame Darcire vint nous avertir qu'on alloit servir ; nous prîmes donc le chemin de la chambre où je viens de vous dire que deux de nos voyageurs étoient d'abord montés.

J'ignorois que notre Inconnuë se fut séparée, on n'en avoit rien dit devant moi ; de sorte qu'en traversant la cour, je la vis dans un cabinet à rez de chaussée, dont les fenêtres étoient ouvertes, & on lui apportoit à manger dans le même moment.

Comment, dis-je à l'Officier, est-ce dans ce cabinet que nous dînons, nous n'y serons guére à notre aise ? aussi n'est-ce pas là que nous allons, me répondit-il, c'est en haut, mais cette Dame a voulu dîner toute seule.

Il n'y a pas d'apparence qu'elle eut pris ce parti-là, si on l'avoit priée d'être des nôtres, repris-je, peut-être s'attendoit-elle là-dessus à une politesse que personne de nous ne lui a faite, & je suis d'avis d'aller sur le champ réparer cette faute.

Je laissai en effet monter les autres, & me hâtai d'entrer dans ce cabinet. Elle prenoit sa serviette, & n'avoit pas encore touché à ce qu'on lui avoit apporté ; c'étoit un potage, & de l'autre côté un peu de viande bouillie sur une assiette.

J'avoue qu'un repas si frugal m'étonna ; elle rougit elle-même que j'en fusse témoin ; mais lui cachant ma surprise.

Eh quoi, Madame, lui dis-je, vous nous quittez, nous n'aurons pas l'honneur de dîner avec vous ? nous ne souffrirons point cette séparation là s'il vous plaît ; heureusement que j'arrive à propos ; vous n'avez point encore mangé, & je vous enleve de la part de toute la compagnie, on ne se mettra point à table que vous ne soyez venuë.

Elle s'étoit brusquement levée, comme pour m'écarter de la table & de la vûë de son dîné. Je me conformai à son intention, & ne m'avançai pas.

Non, Mademoiselle, me répondit-elle en m'embrassant, ne prenez point garde à moi je vous prie; j'ai été long-tems malade, je suis encore convalescente, il faut que j'observe un regime qui m'est nécessaire, & que j'observerois mal en compagnie; voilà mes raisons, voyez si vous voulez que je m'expose, je suis bien sûre que non, & vous seriez la premiere à m'en empêcher. Je crus de bonne foi ce qu'elle me disoit, & je n'en insistai pas moins.

Je ne me rends point, lui dis-je, & ne veux point vous laisser seule; venez, Madame, & fiez-vous à moi, je veillerai ſur vous avec la derniere rigueur, je vous garderai à vûë; on n'a pas encore ſervi; il n'y a qu'à dire en paſſant qu'on joigne votre dîné au nôtre, & je la prenois ſous le bras pour l'emmener en lui parlant ainſi; deſorte que je l'entraînois déja ſans qu'elle ſçut que me répondre, malgré la répugnance que je lui voyois toujours.

Mon Dieu, Mademoiſelle, me dit-elle en s'arrêtant d'un air triſte, & même douloureux! que votre empreſſement me fait de plaiſir & de peine; faut-il vous parler confidemment? Je viens d'une petite maiſon de Campagne que j'ai ici près, j'y avois apporté un certain argent pour y paſſer environ un mois; je ſortois de maladie, la fiévre m'y a repriſe, je m'y ſuis laiſſé gagner par le tems; il ne me reſte bien préciſement que ce qu'il me faut pour retourner à Paris où je ſerai demain, & je ne ſonge qu'à arriver. Ce que je vous dis-là au reſte, n'eſt fait que pour vous, Mademoiſelle, vous le ſentez bien, & vous aurez la bonté de m'excuſer auprès des autres ſur ma ſanté.

Quelque peu de ſouci qu'elle affectât d'avoir elle-même de cette diſette d'argent qu'elle m'avouoit, & qu'elle vouloit que je regardaſſe comme un accident ſans conſéquence, ce qu'elle me diſoit là me toucha cependant, & je crus voir moins de tranquillité ſur ſon viſage, qu'elle n'en marquoit dans ſon diſcours : il y a de certains états où l'on ne prend pas l'air qu'on veut.

Eh Madame, m'écriai-je, avec une franchiſe vive & badine, & en lui mettant ma bourſe dans la main, que j'ai l'honneur de vous être bonne à quelque choſe ; ſervez-vous de cet argent juſqu'à Paris, puiſque vous avez négligé d'en faire venir, & ne nous puniſſez point du peu de précaution que vous avez priſe.

Je délïois les cordons de la bourſe en lui parlant ainſi ; prenez ce qu'il faut, ajoutai-je, ſi vous n'en avez pas beſoin, vous me le rendrez en arrivant, ſinon vous me le renverrez le lendemain.

Elle jetta comme un ſoupir alors, & laiſſa même, ſans doute malgré elle, échapper une larme. Vous êtes trop aimable, me répondit-elle enſuite avec un embarras qu'elle combattoit, vous me charmez, vous me pénétrez d'amitié pour vous ; mais je puis me paſſer de ce que vous m'offrez de ſi bonne grace, ſouffrez que je vous remercie ; il n'y a perſonne de quelque conſidération dans ces Campagnes-ci qui ne me connoiſſe, & chez qui je ne puiſſe envoyer ſi je voulois ; mais ce n'eſt pas la peine,

peine, je ſerai demain chez moi.

S'il vous eſt indifférent de reſter ſeule ici, lui répondis-je d'un air mortifié, il ne me l'auroit pas été d'être quelques heures de plus avec vous; c'étoit une grace que je vous demandois, & qu'à la vérité je ne mérite pas d'obtenir.

Que vous ne méritez pas, me repartit-elle en joignant les mains; Eh comment feroit-on pour ne vous pas aimer? Eh bien, Mademoiſelle, que voulez-vous que je prenne, puiſque vous me menacez de croire que je ne vous aime pas, je ferai tout ce que vous exigerez, & je vais vous ſuivre; êtes-vous contente?

C'étoit en tenant ma bourſe qu'elle me diſoit cela; je l'embraſſai de joye, car toutes ſes façons me plaiſoient, je les trouvois nobles & affectueuſes; & ce petit moment de converſation particuliere venoit encore de me lier à elle. De ſon côté elle me serra tendrement dans ses bras ; ne disputons plus, me dit-elle après, voilà un de vos louis que je prens, c'est assez, puisqu'il n'est question que de prendre ; non, répondis-je en riant, n'y eut-il qu'un quart de lieuë d'ici chez vous, je vous taxe à davantage. Eh bien, mettons en deux pour avoir la paix, & marchons, reprit-elle.

Je l'emmenai donc ; il y avoit un instant qu'on avoit servi, & on nous attendoit. On la combla de politesse, & Madame Darcire surtout eut mille attentions pour elle.

Je lui avois promis de veiller sur elle à table, & je lui tins parole du moins pour la forme ; on m'en fit la guerre, on me querella, je ne m'en souciai point ; c'est une rigueur à laquelle je me suis engagée, dis-je, Madame n'est venuë qu'à cette condition là, & je fais ma charge.

Ma prétenduë rigueur n'étoit cependant qu'un prétexte pour lui servir ce qu'il y avoit de meilleur & de plus délicat, & quoique pour entrer dans le badinage, elle se plaignit d'être trop génée, il est vrai qu'elle mangea très-peu.

Nous sentîmes tous combien nous aurions perdu si elle nous avoit manquée ; il me sembla que nous étions devenus plus aimables avec elle, & que nous avions tous plus d'esprit qu'à l'ordinaire.

Enfin le dîné fini, nous remontâmes en Carosse, & le soupé se passa de même.

Nous n'étions plus le lendemain qu'à une lieuë de Paris ; quand nous vîmes un équipage s'arrêter près de notre Voiture, & que nous entendîmes quelqu'un qui demandoit si Madame Darcire n'étoit pas là ? C'étoit un Homme d'affaire à qui elle avoit écrit de venir audevant d'elle, & de lui chercher un Hôtel où elle put avoir un logement convenable ; elle se montra sur le champ.

Mais comme nous avions quelques paquets engagés dans le magazin, que le lieu n'étoit pas commode pour les retirer, nous jugeâmes à propos de ne descendre qu'à un petit Village qui n'étoit plus qu'à un demi quart de lieuë, & où notre Cocher nous dit qu'il s'arrêteroit lui-même.

Pendant qu'on y travailla à retirer nos paquets, mon inconnuë me prit à quartier dans une petite cour, & voulut en m'embrassant, me rendre les deux louis d'or que je l'avois forcée de prendre.

Vous n'y songez pas, lui dis-je, vous n'êtes pas encore arrivée, gardez-les jusques chez vous ; que je les reprenne aujourd'hui ou demain, n'est-ce pas la même chose ? avez-vous intention de ne me pas revoir ? & me quittez-vous pour toujours ?

J'en ferois bien fachée, me répondit-elle ; mais nous voici à Paris, nous allons y entrer, c'est comme si j'y étois. Vous avez beau dire, repris-je, en me reculant, je me méfie de vous, & je vous laisse cet argent précisément pour vous obliger à m'apprendre où je vous retrouverai.

Elle se mit à rire, & s'avança vers moi, mais je m'éloignai encore ; ce que vous faites-là est inutile, lui criai-je, donnez-moi mes sûretés, où logez-vous ?

Je ne vous en aurois pas moins instruite de l'endroit où je vais, me repartit-elle ; mon nom est Darneuil (ce n'étoit là que le nom d'une petite Terre, & elle me cachoit le véritable,) & vous aurez de mes nouvelles chez M. le Marquis de Viry ruë S. Louis au Marais, (c'étoit un de ses amis,) dites-moi à présent à votre tour, ajouta-t'elle, où je vous trouverai ?

Je ne ſçai point le nom du quartier où nous allons, lui répondisje; mais demain j'envoyerai quelqu'un qui vous le dira, ſi je ne vais pas vous le dire moi-même.

J'entendis alors Madame Darcire qui m'appelloit, & je me hâtai de ſortir de la petite cour pour la joindre; mon Inconnuë me ſuivit, elle dit adieu à Madame Darcire, je l'embraſſai tendrement, & nous partîmes.

En une heure de tems nous arrivâmes à la maiſon que cet Homme d'affaire dont j'ai parlé nous avoit retenuë.

Comme la journée n'étoit pas encore fort avancée, j'aurois volontiers été chercher ma mere, ſi Madame Darcire qui ſe ſentoit trop fatiguée pour m'accompagner, & dont je ne pouvois prendre que la Femme de chambre, ne m'avoit engagée à attendre juſqu'au lendemain.

J'attendis donc, d'autant plus qu'on me dit qu'il y avoit fort loin du quartier où nous étions, à celui où je devois aller trouver cette mere qu'il me tardoit avec tant de raison de voir & de connoître.

Aussi Madame Darcire ne me fit-elle pas languir le jour d'après; elle eut la bonté de préférer mes affaires à toutes les siennes, & à onze heures du matin nous étions déja en carosse pour nous rendre dans la rue S. Honoré, vis-à-vis les Capucins, conformément à l'adresse que j'avois gardé de ma mere, & à laquelle je lui avois écrit mes dernieres lettres qui étoient restées sans réponse.

Notre carosse arrêta donc à l'endroit que je viens de dire, & là nous demandâmes la maison de Madame la Marquise de... (c'étoit le nom de son mari.) Elle n'est plus ici, nous répondit un Suisse ou un Portier, je ne sçai plus lequel des deux. Elle y logeoit il y a environ deux ans ; mais depuis que M. le Marquis est mort, son fils a vendu la maison à mon Maître qui l'occupe à présent.

M. le Marquis est mort, m'écriai-je toute troublée, & même saisie d'une certaine épouvante que je ne devois pas avoir, car dans le fond, que m'importoit la mort de ce beau-pere qui m'étoit inconnu, à qui je n'avois jamais eu la moindre obligation, & sans lequel au contraire ma mere ne m'auroit pas vraisemblablement oubliée autant qu'elle avoit fait ?

Cependant en apprenant qu'il ne vivoit plus, & qu'il avoit un fils marié, je craignis pour ma mere, qui m'avoit laissé ignorer tous ces évenemens ; le silence qu'elle avoit gardé là-dessus m'allarma, j'apperçus confusément des choses tristes, & pour elle & pour moi ; en un mot cette nouvelle me frappa, comme si elle avoit entraîné mille autres accidens fâcheux que je redoutois sans sçavoir pourquoi.

Eh depuis quand est-il donc mort, répondis-je d'une voix alterée ? eh mais, c'est depuis dix-sept ou dix-huit mois je pense, reprit cet homme, & six ou sept semaines après avoir marié M. le Marquis son fils qui vient ici quelquefois, & qui demeure à présent à la place Royale.

Et la Marquise sa mere, lui dis-je encore, loge-t'elle avec lui ? Je ne crois pas, me répondit-il ; il me semble avoir entendu dire que non ; mais vous n'avez qu'à aller chez lui, pour apprendre où elle est, apparemment qu'on vous en informera.

Eh bien, me dit alors Madame Darcire, il n'y a qu'à retourner au logis, & nous irons à la Place Royale après dîné, d'autant plus que j'ai moi-même affaire de ces côtés-là. Comme vous voudrez, lui répondis-je, d'un air inquiet & agité, & nous revînmes à la maison.

Vous voilà bien rêveuse, me dit en chemin Madame Darcire, à quoi pensez-vous donc ? est-ce la mort de votre beau-pere qui vous afflige?

Non, lui dis je, je ne pourrois en être touchée que pour ma mere que cet accident intéresse peut-être de plus d'une façon ; mais ce qui m'occupe à présent, c'est le chagrin de ne ne la point voir, & de n'être pas sûre que je la trouverai chez son fils, puisqu'on vient de nous dire qu'on ne croit pas qu'elle y loge. Ce n'est pas là un grand inconvenient, me dit-elle; si elle n'y loge pas, nous irons chez elle.

Madame Darcire fit arrêter chez quelques Marchands pour des emplettes, nous rentrâmes ensuite au logis ; trois quart-d'heures après le dîné nous remontâmes en carosse avec son Homme d'affaire qui venoit d'arriver, & nous prîmes le chemin de la Place Royale où cette Dame, par égard pour mon impatience, voulut me mener, d'abord dans l'intention de m'y laisser si nous y trouvions ma mere, d'aller de-là à ses propres affaires, & de revenir me reprendre sur le soir s'il le falloit.

Mais ce n'étoit pas la peine de nous arranger là-dessus, & mes inquiétudes ne devoient pas finir si-tôt. Ni mon frere ni ma belle-sœur, c'est-à-dire, ni M. le Marquis ni sa femme n'étoient chez eux. Nous sçûmes de leur Suisse que depuis huit jours ils étoient partis pour une campagne à quinze ou vingt lieuës de Paris. Quant à ma mere elle ne logeoit point avec eux, & on ignoroit sa demeure. Tout ce qu'on pouvoit m'en dire, c'eſt que ce jour-là même elle étoit venuë à onze heures du matin pour voir ſon fils dont elle ne ſçavoit pas l'abſence, qu'elle avoit paru fort ſurpriſe, & fort affligée de le trouver parti, qu'elle arrivoit elle-même de campagne, à ce qu'elle avoit dit, & qu'elle s'étoit retirée ſans laiſſer ſon adreſſe.

A ce récit, je retombai dans ces frayeurs dont je vous ai parlé, & je ne pus m'empêcher de ſoupirer. Vous dites donc qu'elle étoit affligée du départ de M. le Marquis, répondis-je à cet homme? Ouï, Mademoiſelle, me repartit-il, c'eſt ce qui m'en a ſemblé. Eh comment eſt-elle venuë ici, ajoutai-je, par je ne ſçai quel eſprit de méfiance ſur ſa ſituation, & comme cherchant à tirer des conjectures ſur ce qu'on alloit me répondre, étoit-elle dans ſon équipage ou dans celui d'un de ſes amis?

Oh d'équipage, me répondit-il, vraiment, Mademoiselle, elle n'en a point, elle étoit toute seule, & même assez fatiguée, car elle s'est reposée ici près d'un quart heure.

Toute seule & sans voiture, m'écriai-je, la mere de M. le Marquis ? voilà qui est bien horrible. Ce n'est pas ma faute, & je ne sçaurois dire autrement, me repartit-il ; au surplus je ne me mêle point de ces choses là, & je réponds seulement à ce que vous me demandez.

Mais, lui dis-je, en insistant, ne m'indiquerez-vous point dans ce quartier-ci quelque personne qui la connoisse, chez qui elle aille, & de qui je puisse apprendre où elle loge ?

Non, reprit-il, elle vient si rarement à l'Hôtel à des heures où il y a si peu de monde, & elle y demeure si peu de tems, que je ne me souviens pas de l'avoir vû parler à d'autres personnes qu'à M. le Marquis son fils ; & c'est toujours le matin, encore quelquefois n'est-il pas levé.

Y avoit-il rien de plus mauvais augure que tout ce que j'entendois-là ? Que ferai-je donc, & qu'elle est ma ressource, dis-je, d'un air consterné à Madame Darcire qui commençoit aussi à n'avoir pas bonne opinion de tout cela ? Il n'est pas possible en nous informant avec soin, que nous ne découvrions bien-tôt où elle est, me dit-elle ; il ne faut pas vous inquieter, ceci n'est qu'un effet du hazard, & des circonstances dans lesquelles vous arrivez. Je ne lui répondis que par un soupir, & nous nous éloignâmes.

Il m'auroit été bien aisé dans le quartier où nous étions alors, d'aller chercher cette Dame avec qui nous avions voyagé, à qui j'avois prêté de l'argent, & de qui je devois ſçavoir des nouvelles chez le Marquis de Viry rue S. Louis, à ce qu'elle m'avoit dit ; mais dans ce moment là je ne penſai point à elle ; je n'étois occupée que de ma mere, que de mes triſtes ſoupçons ſur ſon état, & que de l'impoſſibilité où je me voyois de l'embraſſer.

Madame Darcire fit tout ce qu'elle pût pour raſſurer mon eſprit, & pour diſſiper mes allarmes. Mais cette mere qui étoit venuë à pied chez ſon fils, que ſa laſſitude avoit obligée de ſe repoſer ; cette mere qui faiſoit ſi peu de figure, qui étoit ſi enterrée, que les gens même de ſon fils ne ſçavoient pas ſa demeure, me revenoit toujours dans la penſée.

De la Place Royale, nous allâmes chez le Procureur de Madame Darcire ; de-là dans une maiſon où l'on avoit mis le ſcellé, & qui avoit appartenu à la perſonne dont elle étoit héritiere ; elle y demeura près d'une heure & demie, & puis nous rentrâmes au logis avec ce Procureur à qui elle devoit donner quelques papiers dont il avoit besoin pour elle.

Cet homme pendant que nous étions dans le carosse, parla de quelqu'un qui demeuroit au Marais, & qu'il devoit voir le lendemain au sujet de la succession de Madame Darcire. Comme c'étoit là le quartier du Marquis, & celui où j'avois esperé de trouver ma mere, je lui demandai s'il ne la connoissoit pas, sans lui dire cependant que j'étois sa fille.

Oui, me dit-il, je l'ai vûë deux ou trois fois avant la mort de son mari, qui m'avoit en ce tems-là chargé de quelque affaire ; mais depuis qu'il est mort, je ne sçai plus ce qu'elle est devenuë ; j'ai seulement oui dire qu'elle n'étoit pas fort heureuse.

Eh quel est donc son état, lui répondis-je, avec une émotion que j'avois bien de la peine à cacher? son fils est si riche & si grand Seigneur, ajoutai-je? Il est vrai, reprit-il; & il a épousé la fille de M. le Duc de ... mais je crois la Marquise brouillée avec lui & avec sa belle-fille; cette Marquise n'étoit, dit-on, que la veuve d'un très-mince & très-pauvre Gentilhomme de Province, dont défunt le Marquis devint amoureux dans le pays, & qu'il épousa assez étourdiment tout riche & tout grand Seigneur qu'il étoit lui-même. Aujourd'hui qu'il est mort, & que le fils qu'il a eu d'elle s'est marié avec la fille du Duc de ... il se peut bien faire que cette fille de Duc, je veux dire, que Madame la Marquise la jeune ne voye pas de trop bonne œil une belle-mere comme la vieille Marquise, & ne se soucie pas beaucoup de se voir alliée à tous les petits houbereaux de sa famille, & de celle de son premier mari, dont on dit aussi qu'il reste une fille qu'on n'a jamais vûë, & qu'apparemment on n'est pas curieux de voir; voilà à peu près ce que je puis recueillir de tous les propos que j'ai entendu tenir à ce sujet-là.

Les larmes couloient de mes yeux pendant qu'il parloit ainsi, je n'avois pû les retenir à cet étrange discours, & n'étois pas même en état d'y rien répondre.

Madame Darcire, qui étoit la meilleure femme du monde, & qui avoit pris de l'amitié pour moi, avoit rougi plus d'une fois en l'écoutant, & s'étoit même apperçûë que je pleurois.

Qu'appelle-t'on des houbereaux, Monsieur, lui dit-elle, quand il eut fini? il faut que Madame la Marquise la jeune, toute fille de Duc qu'elle est, soit bien mal informée, si elle rougit des alliances dont vous parlez, je lui apprendrois moi qui suis du pays de cette belle-mere qu'elle méprise, je lui apprendrois que la Marquise qui s'appelle de Tresle en son nom, est d'une des plus nobles & des plus anciennes Maisons de notre Province; que celle de M. de Tervire son premier mari, ne le cede à pas une que je connoisse; qu'il n'y en avoit point anciennement de plus considérable par l'étenduë de ses Terres, & que toute diminuée qu'elle est aujourd'hui de ce côté-là, M. de Tervire auroit encore laissé à sa veuve plus de dix-huit ou vingt mille livres de rente, sans la mauvaise humeur d'un pere qui les lui ôta pour les donner à son cadet; & qu'enfin il n'y a ni Gentilhomme, ni Marquis, ni Duc en France qui ne pût avec honneur épouser Mademoiselle de Tervire qui est cette fille qu'on n'a jamais vûë à Paris, que Madame la Marquise laissa effectivement à ses parens quand elle quitta la Province, & sur qui aucune fille de ce pays-ci ne l'emportera, ni par la figure, ni par les qualités de l'esprit & du caractere.

Le Procureur alors, qui me vit les yeux mouillés, & qui fit réflexion que c'étoit moi qui lui avoit demandé des nouvelles de la vieille Marquise, soupçonna que je pouvois bien être cette fille dont il étoit question.

Madame, dit-il, un peu confus à Madame Darcire, quoique je n'ai rapporté que les discours d'autrui, j'ai peur d'avoir fait une imprudence; ne seroit-ce pas Mademoiselle de Tervire elle-même que je vois?

Il auroit été difficile de le lui dissimuler; ma contenance ne le permettoit pas, & ne laissoit pas deux partis à prendre; aussi Madame Darcire n'hésita-t'elle point. Ouï, Monsieur, lui dit-elle, vous ne vous trompez pas, c'est elle, voilà cette petite Provinciale qu'on n'est pas curieuse de voir, que sans doute on s'imagine être une espece de Paysanne, & à qui on seroit peut-être fort heureuse de ressembler. Je ne crois pas qu'on y perdit de quelque maniere qu'on soit faite, répondit-il, en me suppliant de lui pardonner ce qu'il avoit dit; notre carosse arrêtoit en ce moment, nous étions arrivés, & je ne lui répondis que par une inclination de tête.

Vous jugez bien, que dès qu'il fut sorti je n'oubliai pas de remercier Madame Darcire du portrait flatteur qu'elle avoit fait de moi, & de cette colere vraiment obligeante avec laquelle elle avoit défendu ma famille, & vengé les miens des mépris de ma belle-sœur. Mais ce que le Procureur nous avoit dit ne ſervit qu'à me confirmer dans ce que je penſois de la ſituation de ma mere, & plus je la croyois à plaindre, plus il m'étoit douloureux de ne ſçavoir où l'aller chercher.

Il eſt vrai, qu'à proprement parler, je ne la connoiſſois pas; mais c'étoit cela même qui me donnoit ce deſir ardent que j'avois de la voir. C'eſt une ſi grande & ſi intéreſſante avanture que celle de retrouver une mere qui vous eſt inconnuë; ce ſeul nom qu'elle porte a quelque choſe de ſi doux!

Et ce qui contribuoit encore beaucoup à m'attendrir pour la mienne, c'étoit de penſer qu'on la mépriſoit, qu'elle étoit humiliée, qu'elle avoit des chagrins, qu'elle ſouffroit même, car j'allois juſques-là, & je partageois ſon humiliation & ſes peines; mon amour propre étoit de moitié avec le ſien dans tous les affronts que je ſuppoſois qu'elle eſſuyoit ; & j'aurois eu, ce me ſemble, un plaiſir extrême à lui montrer combien j'y étois ſenſible.

Il ſe peut bien que mon empreſſement n'eut pas été ſi vif, ſi je l'avois ſçû plus heureuſe, & c'eſt que je ne me ſerois pas flattée non plus d'être ſi bien reçûë ; mais j'arrivois dans des circonſtances qui me répondoient de ſon cœur, j'étois comme ſûre de la trouver meilleure mere, & je comptois ſur ſa tendreſſe à cauſe de ſon malheur.

Malgré toutes les informations que nous fimes Madame Darcire & moi, nous avions déja paſſé dix ou douze jours à Paris ſans avoir pû découvrir où elle étoit, & j'en mourois d'impatience & de chagrin ; par tout où nous allions nous parlions d'elle, bien des gens la connoiſſoient, tout le monde ſçavoit quelque choſe de ce qui lui étoit arrivé, les uns plus, les autres moins; mais comme je ne déguiſois point que j'étois ſa fille, que je me produiſois ſous ce nom là, je m'appercevois bien qu'on me menageoit, qu'on ne me diſoit pas tout ce qu'on ſçavoit, & le peu que j'en apprenois ſignifioit toujours qu'elle n'étoit pas à ſon aiſe.

Excedée enfin de l'inutilité de mes efforts pour la trouver, nous retournâmes au bout de douze jours Madame Darcire & moi à la Place Royale, dans l'eſpérance que ma mere y feroit revenuë elle-même, qu'on lui auroit dit que deux Dames étoient venuës l'y demander, & qu'en conſequence elle auroit bien pû laiſſer ſon adreſſe, afin qu'on la leur donnât ſi elles revenoient la chercher.

Autre peine inutile, ma mere n'avoit pas reparu. On lui avoit dit la premiere fois, que le Marquis

quis ne ſeroit de retour que dans trois ſemaines ou un mois, & ſans doute elle attendoit que ce tems-là fut paſſé pour ſe remontrer. Ce fut du moins ce qu'en penſa Madame Darcire qui me le perſuada auſſi.

Toute affligée que j'étois de voir toujours prolonger mes inquiétudes, je m'aviſai de ſonger que nous étions dans le quartier de Madame Darneuil, de cette Dame de la Voiture, dont l'adreſſe étoit chez le Marquis de Viry, avec qui, comme vous ſçavez, je m'étois liée d'une amitié aſſez tendre, & à qui d'ailleurs j'avois promis de donner de mes nouvelles.

Je propoſai donc à Madame Darcire d'aller la voir, puiſque nous étions ſi près de la rue S. Louis; elle y conſentit, & la premiere maiſon à laquelle nous nous arrêtâmes pour demander celle du Marquis de Viry, étoit attenant la sienne. C'est la porte d'après, nous dit-on, & un des gens de Madame Darcire y frappa sur le champ.

Personne ne venoit, on redoubla, & après un intervalle de tems assez considérable, parut un très-vieux domestique à longs cheveux blancs, qui sans attendre qu'on lui fit de question, nous dit d'abord que M. de Viry étoit à Versailles avec Madame.

Ce n'est pas à lui que nous en voulons, lui répondis-je, c'est à Madame Darneuil. Ha, Madame Darneuil, elle ne loge pas ici, reprit-il; mais n'êtes-vous pas des Dames nouvellement arrivées de Province, depuis dix ou douze jours, lui dîmes-nous? Eh bien ayez la bonté d'attendre un instant, repartit-il, je vais vous faire parler à une des femmes de Madame qui m'a bien recommandé de l'avertir quand vous viendriez.

Et là-dessus, il nous quitta pour aller lentement chercher cette femme qui descendit, & qui vint nous parler à la portiere de notre carosse. Pouvez-vous, lui dis-je, nous apprendre où est Madame Darneuil? nous avons crû la trouver ici?

Non, Mesdames, elle n'y demeure pas, répondit-elle; mais n'est-ce pas avec vous, Mademoiselle, qu'elle arriva à Paris ces jours passés, & qui lui prêtâtes de l'argent, ajouta-t'elle en m'adressant la parole? Oui, c'est moi-même qui la forçai d'en prendre, lui dis-je, & j'aurois été charmée de la revoir. Où est-elle? dans le Fauxbourg S. Germain, me dit cette femme, (& c'étoit précisément notre quartier) j'ai même été avant hier chez elle, mais je ne me souviens plus du nom de sa rue, & elle m'a chargée, dans l'absence de M. le Marquis & de Madame, de m'inforformer où vous logez si on venoit de votre part, & de remettre en même tems ces deux louis d'or que voici.

Je les pris : tâchez lui dis-je, de la voir demain, retenez bien, je vous prie où elle demeure, & vous me le ferez sçavoir par quelqu'un que j'envoyerai ici dans deux ou trois jours. Elle me le promit, & nous partîmes.

En rentrant au logis, nous vîmes à deux portes au-dessus de la nôtre une grande quantité de peuple assemblé. Tout le monde étoit aux fenêtres ; il sembloit qu'il y avoit eu une rumeur, ou quelque accident considérable, & nous demandâmes ce que c'étoit.

Pendant que nous parlions, arriva notre Hôtesse, grosse Bourgeoise d'assez bonne mine, qui sortoit du milieu de cette foule de l'air d'une femme qui avoit eu part à l'avanture. Elle gesticuloit beaucoup, elle levoit les épaules. Une partie de ce peuple l'entouroit, & elle étoit ſuivie d'un petit homme aſſez mal arrangé, qui avoit un tablier autour de lui, & qui lui parloit le chapeau à la main.

De quoi s'agit-il donc, Madame, lui dîmes-nous, dès qu'elle ſe fut approchée ? Dans un moment, nous répondit-elle, j'irai vous le dire, Meſdames, il faut auparavant que je finiſſe avec cet homme ci, qu'elle mena effectivement chez elle.

Un demi quart d'heure après, elle revint nous trouver ; je viens de voir la choſe du monde qui m'a le plus touchée, nous dit-elle ; celui que vous avez vû avec moi tout à l'heure eſt le Maître d'une Auberge d'ici près, chez qui depuis dix ou douze jours eſt venuë ſe loger une femme paſſablement bien miſe, qui même par ſes diſcours & par ſes manieres, n'a pas trop l'air d'une femme du commun. Je viens de lui parler, & j'en suis encore toute émûë.

Imaginez-vous, Mesdames, que la fiévre la prise deux jours après être entrée chez cet homme qui ne la connoît point, qui lui a loué une de ses chambres, & lui a fait crédit jusqu'ici sans lui demander d'argent, quoique dès le lendemain de son entrée chez lui, elle eut promis de lui en donner. Vous jugez bien que dans sa fiévre, il lui a fallu des secours qui ont exigé une certaine dépense, & il ne lui en a refusé aucun, il a toujours tout avancé; mais cet homme n'est pas riche, elle se porte un peu mieux aujourd'hui, & un Chirurgien qui l'a saignée, qui a eu soin d'elle, qui lui a tenu lieu de Medecin, un Apoticaire qui lui a fourni des remedes, demandent à présent tous deux à être payés. Ils ont été chez elle, elle n'a pû les satisfaire, & sur le champ, ils se sont adressés au Maître de l'Auberge qui les a été chercher pour elle. Celui-ci effrayé de voir qu'elle n'avoit pas même de quoi les payer, a non-seulement eu peur de perdre aussi ce qu'elle lui devoit, mais encore ce qu'il continueroit à lui avancer.

Sur ces entrefaites, est arrivée un petit Marchand de Province qui loge ordinairement chez lui. Toutes ses chambres sont louées, il n'y a eu que celle de cette femme qu'il a regardée comme vuide, parce qu'elle ne lui donnoit point d'argent; là-dessus il a pris son parti, & a été lui parler pour la prier de se pourvoir d'une chambre ailleurs, attendu qu'il se présentoit une occasion de mettre dans la sienne quelqu'un dont il étoit sûr, & qui comptoit l'occuper au retour de quelques courses qu'il étoit allé faire dans Paris. Vous me devez déja beaucoup, a-t'il ajouté, & je ne vous dis point de me payer; laissez-moi seulement quelques nippes pour mes sûretés, & ne m'ôtez point le profit que je puis retirer de ma chambre.

A ce discours, cette femme qui est un peu rétablie, mais encore trop foible pour sortir & pour déloger ainsi à la hâte, l'a prié d'attendre quelques jours, lui a dit qu'il ne s'inquiétât point, qu'elle le payeroit incessamment, qu'elle avoit même intention de le recompenser de tous ses soins, & que dans une semaine au plûtard, elle l'envoyeroit porter un billet chez une personne de chez qui il ne reviendroit point sans avoir de l'argent, qu'il ne s'agissoit que d'un peu de patience; qu'à l'égard des gages, elle n'en avoit point à lui laisser qu'un peu de linge & quelques habits dont il ne feroit rien, & qui lui étoient absolument nécessaires,

cessaires; qu'au surplus s'il la connoissoit, il verroit bien qu'elle n'étoit point femme à le tromper.

Je vous rapporte ce discours tel qu'elle le lui a repeté devant moi lorsque je suis arrivée; mais il l'avoit déja forcée de sortir de sa chambre, & de fermer une cassette qu'il vouloit retenir pour nantissement, desorte que la querelle alors se passoit dans une salle où ils étoient descendus, & où cet homme & sa fille crioient à toute voix contre cette femme qui résistoit à s'en aller. Le bruit ou plutôt le vacarme qu'ils faisoient avoit déja amassé bien du monde, dont une partie étoit même entrée dans cette salle. Je revenois alors de chez une de mes amies qui demeure ici près, & comme c'est de moi que cet homme tient la maison qu'il occupe, & qui m'appartient; je me suis arrêtée un moment en passant pour sçavoir d'où venoit ce bruit. Cet homme m'a vûë, m'a prié d'entrer, & m'a exposé le fait; cette femme y a répondu inutilement ce que je viens de vous dire, elle pleuroit, je la voyois plus confuse & plus consternée que hardie, elle ne se défendoit presque que par sa douleur, elle ne jettoit que des soupirs avec un visage plus pâle & plus défait que je ne puis vous l'exprimer. Elle m'a tirée à quartier, m'a suppliée si j'avois quelque pouvoir sur cet homme, de l'engager à lui accorder le peu de jours de délai qu'elle lui demandoit, m'a donné sa parole qu'il seroit payé, enfin m'a parlé d'un air & d'un ton qui m'ont pénétrée d'une véritable pitié, j'ai même senti de la considération pour elle; il n'étoit question que de dix écus, si je les perds, il ne me ruineront pas, & Dieu m'en tiendra compte, il n'y a rien de perdu avec lui. J'ai donc dit que j'allois les payer ; je l'ai fait remonter dans sa chambre où l'on a reporté sa cassette, & j'ai emmené cet homme pour lui compter son argent chez moi. Voilà, Mesdames, mot pour mot l'histoire que je vous conte toute entiere à cause de l'impression qu'elle m'a faite, & il en arrivera ce qui pourra ; mais je n'aurois pas eu de repos avec moi sans les dix écus que j'ai avancés.

Nous ne fûmes pas insensibles à ce récit, Madame Darcire & moi. Nous nous sentîmes attendries pour cette femme qui dans une avanture aussi douloureuse avoit sçu moins disputer que pleurer ; nous donnâmes de grands éloges à la bonne action de notre Hôtesse, & nous voulûmes toutes deux y avoir part.

Le Maître de cette Auberge est appaisé, lui dîmes-nous, il attendra, mais ce n'est pas assez ; cette femme eſt ſans argent apparamment, elle ſort de maladie, à ce que vous dites, elle a encore une ſemaine à paſſer chez cet homme qui n'aura pas grand égard à l'état où elle eſt, ni aux menagemens dont elle a beſoin dans une convaleſcence auſſi récente que la ſienne. Ayez la bonté, Madame, de lui porter pour nous cette petite ſomme d'argent que voici (c'étoit neuf ou dix écus que nous lui remettions.)

De tout mon cœur, reprit-elle, j'y vais de ce pas, & elle partit; à ſon retour, elle nous dit qu'elle avoit trouvée cette femme au lit, que ſon avanture l'avoit extrêmement émûë, & qu'elle n'étoit pas ſans fiévre; qu'à l'égard des dix écus que nous lui avions envoyés, ce n'avoit été qu'en rougiſſant qu'elle les avoit reçus, qu'elle nous conjuroit de vouloir bien qu'elle ne les prît qu'à titre d'emprunt, que l'obligation qu'elle nous en auroit en seroit plus grande, & sa reconnoissance encore plus digne d'elle & de nous ; qu'elle devoit en effet recevoir incessamment de l'argent, & qu'elle ne manqueroit pas de nous rendre le nôtre.

Ce compliment ne nous déplût point, au contraire, il nous confirma dans l'opinion avantageuse que nous avions d'elle. Nous comprîmes qu'une ame ordinaire ne se seroit point avisée de cette honnête & généreuse fierté-là, & nous ne nous en sçûmes que meilleur gré de l'avoir obligée, je ne sçai pas même à quoi il tint que nous n'allassions la voir, tant nous étions prévenuës pour elle. Ce qui est de sûr, c'est que je pensai le proposer à Madame Darcire, qui de son côté m'avoua depuis, qu'elle avoit eu envie de me le proposer aussi.

En mon particulier, je plaignis

beaucoup cette Inconnuë dont l'infortune me fit encore songer à ma mere que je ne croyois pas à beaucoup près dans des embarras comparables, ni même approchans des siens ; mais que j'imaginois seulement dans une situation peu convenable à son rang, quoique supportable & peut-être douce pour une femme qui auroit été d'une condition inférieure à la sienne ; je n'allois pas plus loin, & à mon avis, c'étoit bien en imaginer assez pour la plaindre, & pour penser qu'elle souffroit.

L'impossibilité de la trouver m'avoit déterminée à laisser passer huit ou dix jours avant que de retourner chez le Marquis son fils, qui devoit dans l'espace de ce tems être revenu de la Campagne, & chez qui je ne doutois pas que je n'eusse des nouvelles de ma mere qui auroit aussi attendu qu'il fut de retour pour ne pas reparoître inutilement chez lui.

Deux ou trois jours après qu'on eut porté de notre part de l'argent à cette Inconnuë, nous sortîmes entre onze heures & midi Madame Dareire & moi pour aller à la Messe (c'étoit un jour de Fête), & en revenant au logis, je crus appercevoir à quarante ou cinquante pas de notre carosse une femme que je reconnus pour cette Femme de chambre à qui nous avions parlé chez le Marquis de Viry rue S. Louis.

Vous vous souvenez bien que je lui avois promis de renvoyer le sur-lendemain sçavoir la demeure de Madame Darneuil qu'elle n'avoit pû m'apprendre la premiere fois, & j'avois exactement tenu ma parole; mais on avoit dit qu'elle étoit sortie, & par distraction j'avois moi-même oublié d'y renvoyer depuis, quoique c'eut été mon dessein; aussi fus-je charmée de la rencontrer si à propos, &

je la montrai aussi-tôt à Madame Darcire qui la reconnut comme moi.

Cette femme qui nous vit de loin parut nous remettre aussi, & resta sur le pas de la porte de l'Aubergiste chez lequel nous jugeâmes qu'elle alloit entrer.

Nous fîmes arrêter quand nous fûmes près d'elle, & aussi-tôt elle nous salua. Je suis bien aise de vous revoir, lui dis-je, je soupçonne que vous allez chez Madame Darneuil, ou que vous sortez de chez elle, aussi vous me direz sa demeure.

Si vous voulez bien avoir la bonté, nous répondit-elle, d'attendre que j'aye dit un mot à une Dame qui loge dans cette Auberge, je reviendrai sur le champ répondre à votre question, Mademoiselle, & je ne serai qu'un instant.

Une Dame à reprit avec quelque étonnement Madame Darcire, qui ſçavoit du Maître de l'Auberge que notre Inconnuë étoit la ſeule femme qui logea chez lui ; he quelle eſt-elle donc, ajouta-t'elle tout de ſuite ? & puis ſe retournant de mon côté ; ne ſeroit-ce pas cette perſonne pour qui nous nous intéreſſons, me dit-elle, & à qui il arriva cette triſte avanture de l'autre jour ?

C'eſt elle-même, repartit ſur le champ la Femme de chambre, ſans me donner le tems de répondre ; je vois bien que vous parlez d'une querelle qu'elle eut avec l'Aubergiſte qui vouloit qu'elle ſortit de chez lui.

Voilà ce que c'eſt, reprit Madame Darcire, & puiſque vous ſçavez qui elle eſt, par quel accident ſe trouve-t'elle expoſée à de ſi étranges extrêmités ? nous avons jugé par tout ce qu'on nous en a dit, que ce doit être une femme de quelque choſe.

Vous ne vous trompez pas, Madame, lui répondit-elle, elle n'est pas faite pour essuyer de pareils affronts, il s'en faut bien, aussi en est-elle retombée malade. Je suis d'avis que nous allions la voir, si cela ne lui fait pas de peine, dit Madame Darcire, montons-y ma fille, (c'étoit à moi à qui elle adressoit la parole.)

Vous le pouvez, Mesdames, reprit cette femme, pourvû que vous vouliez bien d'abord me laisser entrer toute seule, afin que je la previenne sur votre visite, & que je sçache si vous ne la mortifierez pas, il se pourroit qu'elle vous fit prier de lui épargner cette confusion là.

Non, non, dit Madame Darcire, qui étoit peut-être curieuse, mais qui assurement l'étoit encore moins que sensible ; non, nous ne risquons point de la chagriner ; elle a déja entendu parler de nous, il y a une personne qui ces jours passés l'alla voir de notre part, & je suis persuadée qu'elle nous verra volontiers. Prévenez-la cependant si vous le jugez à propos, nous allons vous suivre, mais vous entrerez la premiere, & vous lui direz que nous demeurons dans ce grand Hôtel presque attenant son Auberge, que c'est notre Hôtesse qui vint la voir, & que nous lui envoyâmes il y a quelques jours. Elle sçaura bien là-dessus qui nous sommes.

Nous descendîmes aussi-tôt de carrosse, & tout s'exécuta comme je viens de le dire. Il n'y avoit qu'un petit escalier à monter, & c'étoit au premier sur le derriere. La Femme de chambre se hâta d'entrer, elle avoit en effet des raisons d'avertir l'Inconnuë qu'elle ne nous disoit pas; & nous nous arrêtâmes un instant assez près de la porte de la chambre vis-à-vis de laquelle étoit le lit de la malade, de façon que lorſqu'elle l'ouvrit nous vîmes à notre aiſe cette malade qui étoit ſur ſon ſéant qui nous vit à ſon tour, malgré l'obſcurité du paſſage où nous étions arrêtées, que nous reconnûmes enfin, & qui acheva de nous confirmer qu'elle étoit la perſonne que nous imaginions, par le mouvement de ſurpriſe qui lui échappa en nous voyant.

Ce qui fit encore que nous eûmes elle & nous tout le tems de nous examiner, c'eſt que cette porte qui avoit été un peu trop pouſſée, étoit reſtée ouverte.

Eh mon Dieu, ma fille, me dit tout bas Madame Darcire, n'eſt-ce pas là Madame Darneuil? & pendant qu'elle me parloit ainſi, je vis la malade qui joignoit triſtement les mains, qui me les tendit enſuite en ſoupirant, & en jettant ſur moi ſes regards languiſſans & mortifiés quoique tendres.

Je n'attendis pas qu'elle s'expliquât davantage, & pour lui ôter ſa confuſion à force de careſſes, je courus toute émûë l'embraſſer d'un air ſi vif & ſi empreſſé qu'elle fondit en pleurs dans mes bras, ſans pouvoir prononcer un mot dans l'attendriſſement où elle étoit.

Enfin, quand ſes premiers mouvemens, mêlés ſans doute pour elle, d'autant d'humiliation que de confiance, furent paſſés ; je m'étois condamnée à ne vous plus revoir, me dit-elle, & jamais rien ne m'a tant coûté que cela, c'eſt ce qu'il y a eu de plus dur pour moi dans l'état où vous me trouvez.

Je redoublai de careſſes là-deſſus ; vous n'y ſongez pas, lui dis-je, en lui prenant une main, pendant qu'elle donnoit l'autre à Madame Darcire, vous n'y ſongez pas, vous ne nous avez donc crues, ni ſenſibles, ni raiſonnables ? eh, Madame, à qui n'arrive-t'il pas des chagrins dans la vie ? penſez-vous que nous nous ſoyons trompées ſur les égards & ſur la conſideration qu'on vous doit ; & dans quelque état que vous ſoyez, une femme comme vous peut-elle jamais ceſſer d'être reſpectable ?

Madame Darcire lui tint à peu près les mêmes diſcours, & effectivement il n'y en avoit point d'autres à lui tenir ; il ne falloit que jetter les yeux ſur elle pour voir qu'elle étoit hors de ſa place.

La Femme de chambre avoit les larmes aux yeux, & étoit à quelques pas de nous qui ſe taiſoit. Vous avez grand tort, lui dis-je, de ne nous avoir pas averties dès la premiere fois que vous nous vîtes ; je n'aurois pas mieux demandé, nous dit-elle, mais je n'ai pû me diſpenſer de ſuivre les ordres de Madame, j'ai été dix-ſept ans à ſon ſervice, c'eſt-elle qui m'a miſe chez Madame de Viry, je la regarde toujours comme ma Maîtreſſe, & jamais elle n'a voulu me donner la permiſſion de vous inſtruire quand vous viendriez.

Ne la querellez point, reprit la malade, je n'oublierai jamais les témoignages de ſon bon cœur; croiriez-vous qu'elle m'apporta ces jours paſſés tout ce qu'elle avoit d'argent, tandis que cinq ou ſix perſonnes de la premiere diſtinction à qui je me ſuis adreſſée, & avec qui j'ai vêcu comme avec mes meilleurs amis, n'ont pas eu le courage de me prêter une ſomme médiocre qui m'auroit épargné les extrêmités où je me ſuis vûë, & ſe ſont contentées de ſe défaire de moi avec de fades & honteuſes politeſſes. Il eſt vrai que je n'ai pas pris l'argent de cette fille; heureuſement le vôtre étoit venu alors; votre Hôteſſe même m'avoit déja tirée du plus fort de mes embarras, & je m'acquitterai de tout cela dans quelques jours; mais ma reconnoissance sera toujours éternelle.

A peine achevoit-elle ce peu de mots, qu'un Laquais vint dire à Madame Darcire qu'il venoit de mener son Procureur à la porte de cette Auberge, & qu'il l'y attendoit pour lui rendre une réponse pressée. Je sçai ce que c'est, répondit-elle, il n'a qu'un mot à me dire, & je vais lui parler dans mon carosse, après quoi je reviens sur le champ. Madame, ajouta-t'elle en s'adressant à l'Inconnuë, ne pensez plus à ce qui vous est arrivé depuis que vous êtes ici; tranquillisez-vous sur votre état présent, & voyez en quoi nous pouvons vous être utiles pour le reste de vos affaires; votre situation doit intéresser tous les honnêtes gens, & en vérité on est

trop

trop heureux d'avoir occasion de servir les personnes qui vous ressemblent.

L'Inconnuë ne la remercia que par des larmes de tendresse, & qu'en lui serrant la main dans les siennes ; il faut avouer, me dit-elle ensuite, que j'ai bien du bonheur dans mes peines, quand je songe par qui je suis secouruë, que ce n'est ni par mes amis, ni par mes alliés, ni par aucun de ceux avec qui j'ai passé une partie de ma vie, ni par mes enfans mêmes ; car j'en ai, Mademoiselle, toute la France le sçait, & tout cela me fuit & m'abandonne ; j'aurois sans doute indignement péri au milieu de tant de ressources ; sans vous, Mademoiselle, à qui je suis inconnuë, sans vous qui ne me devez rien, & qui avec la sensibilité la plus prévenante, avec toutes les graces imaginables, me tenez lieu, toute à la fois, d'amis, d'alliés & d'enfans ; sans votre amie que je rencontre avec vous dans cette Voiture ; sans cette pauvre fille qui m'a servie (souffrez que je la compte ; son zéle & ses sentimens la rendent digne de l'honneur que je lui fais) ; enfin sans votre Hôtesse qui ne m'a jamais connuë, & qui n'a passé son chemin que pour venir s'attendrir sur moi ; voilà les personnes à qui j'ai l'obligation de ne pas mourir dans les derniers besoins, & dans l'obscurité la plus étonnante pour une femme comme moi ; qu'est-ce que c'est que la vie ? & que le monde est miserable !

Eh mon Dieu, Madame, lui répondis-je ; aussi touchée qu'il est possible de l'être ; commencez donc, comme vous en a tant prié Madame Darcire, commencez par perdre de vûë tous ces objets-là ; je vous le repete aussi-bien qu'elle, donnez-nous le plaisir de vous voir tranquille, consolez-nous nous-mêmes du chagrin que vous nous faites.

Eh bien, voilà qui est fini, me dit-elle; vous avez raison, il n'y a ni adversité, ni tristesse que tant de bonté de cœur ne doive assûrement faire cesser; parlons de vous, Mademoiselle, où est cette mere que vous êtes venuë retrouver, & qu'il y a si long-tems que vous n'avez vûë, dites-m'en des nouvelles, est-ce que vous n'êtes pas encore avec elle? est-ce qu'elle est absente? Ah, Mademoiselle, qu'elle doit vous aimer, qu'elle doit s'estimer heureuse d'avoir une fille comme vous; le Ciel m'en a donné une aussi; mais ce n'est pas d'elle dont j'ai à me plaindre, il s'en faut bien. Elle ne prononça ces derniers mots qu'avec un extrême serrement de cœur.

Helas, Madame, lui répondis-je en soupirant aussi, vous parlez de la tendresse de ma mere ; si je vous disois que je n'ose pas me flatter qu'elle m'aime, & que ce sera bien assez pour moi si elle n'est pas fachée de me voir, quoiqu'il y ait près de vingt ans qu'elle m'ait perdu de vûë ; mais il ne s'agit pas de moi ici ; nous nous entretiendrons de ce qui me regarde un autre fois ; revenons à vous, je vous prie ; vous êtes sans doute mal servie ? vous avez besoin d'une garde, & je dirai à l'Aubergiste en descendant, de vous en chercher une dès aujourd'hui.

Je crus qu'elle alloit répondre à ce que je lui disois ; mais je fus bien étonnée de la voir tout-à-coup verser une abondance de larmes ; & puis revenant à ce nombre d'années que j'avois passées éloignée de ma mere.

Depuis vingt ans qu'elle vous a perdue de vûe, s'écria-t'elle d'un air pensif & pénetré, je ne sçaurois entendre cela qu'avec douleur ! juste Ciel ! que votre mere a de reproches à se faire aussi bien que moi ; eh dites-moi, Mademoiselle, ajouta-t'elle, sans me laisser le tems de la réflexion ; pourquoi vous a-t'elle si fort négligée ; dites-m'en la raison je vous prie ?

C'est, lui répondis-je, que je n'avois tout au plus que deux ans quand elle se remaria, & que trois semaines après, son mari l'emmena à Paris où elle accoucha d'un fils qui m'aura sans doute effacée de son cœur, ou du moins de son souvenir. Et depuis qu'elle est partie, je n'ai eu personne auprès d'elle qui lui ait parlé de moi, je n'ai reçu en ma vie que trois ou quatre de ses lettres, & il n'y a pas plus de quatre mois que j'étois chez une tante qui est morte, qui m'avoit reçûë chez elle, & avec qui j'ai passée six ou sept ans ſans avoir eu de nouvelles de ma mere à qui j'ai pluſieurs fois écrit inutilement, que j'ai été chercher ici à la derniere adreſſe que j'avois d'elle ; mais qui depuis près de deux ans qu'elle eſt veuve de ſon ſecond mari, ne demeure plus dans l'endroit où je croyois la voir, qui ne loge pas même chez ſon fils qui eſt marié, qui eſt actuellement en campagne avec la Marquiſe ſa femme, & dont les gens même n'ont pû m'enſeigner où eſt ma mere ; quoiqu'elle y ait paru il y a quelques jours ; deſorte que je ne ſçais pas où la trouver, quelques recherches que j'ai faites, & que je faſſe encore ; & ce qui acheve de m'allarmer ; ce qui me jette dans des inquiétudes mortelles, c'eſt que j'ai lieu de ſoupçonner qu'elle eſt dans une ſituation difficile ; c'eſt que j'entends dire que ce fils qu'elle a tant chéri, à qui elle avoit donné tout ſon cœur, n'eſt pas trop digne de ſa tendreſſe, & n'en agit pas trop bien avec elle ; il eſt du moins ſûr qu'elle ſe cache, qu'elle ſe dérobe aux yeux de tout le monde, que perſonne ne ſçait le lieu de ſa retraite, & ma mere ne devroit pas être ignorée ; cela ne peut m'annoncer qu'une femme dans l'embarras, qui a peut-être de la peine à vivre, & qui ne veut pas avoir l'affront d'être vûë dans l'état obſcur où elle eſt.

Je ne pûs m'empêcher de pleurer en finiſſant ce diſcours, au lieu que mon Inconnuë qui pleuroit auparavant, & qui avoit toujours eu les yeux fixés ſur moi pendant que je parlois, avoit paru ſuſpendre ſes larmes pour m'écouter plus attentivement ; ſes regards avoient eu quelque choſe d'inquiet & d'égaré ; elle n'avoit, ce me ſemble, reſpiré qu'avec agitation.

Quand j'eus ceſſé de parler,

elle continua d'être comme je le dis là, elle ne me répondoit point, elle se taisoit interdite ; l'air de son visage étonné me frappa ; j'en fus émûe moi-même, il me communiqua le trouble que j'y voyois peint, & nous nous considérâmes assez long-tems dans un silence, dont la raison me remuoit d'avance, sans que je la sçusse, lorsqu'elle le rompit d'une voix mal assûrée pour me faire encore une question.

Mademoiselle, je crois que votre mere ne m'est pas inconnue, me dit-elle. En quel endroit, s'il vous plaît, demeure ce fils chez qui vous avez été la chercher ? A la Place Royale, lui répondis-je alors d'un ton plus altéré que le sien. Et son nom, reprit-elle vîte, comme épuisée de respiration ? Monsieur le Marquis de.... repartis-je toute tremblante. Ah ! ma chere Tervire, s'écria-t-elle, en se laissant aller entre mes bras! A cette exclamation, qui m'apprit sur le champ qu'elle étoit ma mere, je fis un cri qui épouvanta Madame Darcire, que son Procureur venoit de quitter, & qui montoit en cet instant l'escalier pour revenir nous joindre.

Incertaine de ce que mon cri signifioit dans une Auberge de cette espece, qui ne pouvoit guere être que l'asile ou de gens de peu de chose, ou du moins d'une très-mince fortune, elle cria à son tour pour faire venir du monde, & pour avoir du secours s'il en falloit.

Et en effet au bruit qu'elle fit, l'Hôte & sa fille, tous deux effrayés, monterent avec le Laquais de cette Dame, & lui demanderent de quoi il étoit question; je n'en sçais rien, leur dit-elle, mais suivez-moi, je viens d'entendre un grand cri qui est parti de la chambre de cette Dame malade, chez qui j'ai laissé la jeune personne que j'y ai menée, & je suis bien aise, à tout hazard, que vous veniez avec moi, de façon qu'ils l'accompagnerent, & qu'ils entrerent ensemble dans cette chambre où j'avois perdu la force de parler, où j'étois foible, pâle & comme dans un état de stupidité, enfin où je pleurois de joye, de surprise, & de douleur.

Ma mere étoit évanouie, ou du moins, n'avoit encore donné aucun signe de connoissance, depuis que je la tenois dans mes bras; & la Femme de chambre, à qui je n'aidois point, n'oublioit rien de ce qui pouvoit la faire revenir à elle.

Que se passe-t'il donc ici, me dit Madame Darcire en entrant? qu'avez-vous, Mademoiselle? pour toute réponse, elle n'eut d'abord que mes soupirs & mes larmes, & puis levant la main, je lui montrai ma mere comme ſi ce geſte avoit dû la mettre au fait ; qu'eſt-ce que c'eſt, ajouta-t'elle ? eſt-ce qu'elle ſe meurt ? Non, Madame, lui dit alors la Femme de chambre, mais elle vient de reconnoître ſa fille, & elle s'eſt trouvée mal ; ouï, lui dis-je alors, en m'éforçant de parler, c'eſt ma mere.

Votre mere, s'écria-t'elle encore en approchant pour la ſecourir ? quoi la Marquiſe de...? qu'elle avanture !

Une Marquiſe ! dit à ſon tour l'Aubergiſte qui joignoit les mains d'étonnement ; ah mon Dieu ! cette chere Dame ! que ne m'a-t'elle appris ſa qualité, je me ſerois bien gardé de lui cauſer la moindre peine.

Cependant à force de ſoins, ma mere inſenſiblement ouvrit les yeux, & reprit ſes eſprits. Je paſſe le récit de mes careſſes & des ſiennes. Les circonſtances attendriſſantes où je la retrouvois, la nouveauté de notre connoiſſance & du plaiſir que j'avois à la voir, & à l'appeller ma mere, le long oubli même où elle m'avoit laiſſée, les torts qu'elle avoit avec moi, & cette eſpece de vengeance que je prenois de ſon cœur par les tendreſſes du mien; tout contribuoit à me la rendre plus chere qu'elle ne me l'auroit peut-être jamais été, ſi j'avois toujours vêcu avec elle; ah Tervire! ah ma fille, me diſoit-elle, que tes tranſports me rendent coupable!

Cependant cette joye que nous avions elle & moi de nous revoir enſemble, nous la payâmes toutes deux bien chere. Soit que la force des mouvemens qu'elle avoit éprouvés euſſent fait une trop grande révolution en elle; ſoit que ſa fievre & ſes chagrins l'euſſent déja trop affoiblie; on s'apperçut quelques jours aprés d'une paralyſie qui lui tenoit tout le côté droit, qui gagna bien-tôt l'autre côté, & qui lui reſta juſqu'à la fin de ſa vie.

Je parlai ce jour-là même de la tranſporter dans notre Hôtel. Mais ſa fiévre qui avoit augmenté, jointe à ſon extrême foibleſſe ne le permirent pas, & un Medecin que j'envoyai chercher nous en empêcha.

Je n'y vis point d'autre équivalent que de loger avec elle, & de ne la point quitter, & je priai la Femme de chambre, qui étoit encore avec nous, d'appeller l'Aubergiſte pour lui demander une chambre à côté de la ſienne; mais ma mere m'aſſura qu'il n'y en avoit point chez lui qui ne fut occupée; je me ferai donc mettre un lit dans la vôtre, lui dis-je ? non, me répondit-elle, cela n'eſt pas poſſible, non, & c'eſt à quoi il ne faut pas ſonger; celle-ci eſt trop petite comme vous voyez, gardez-moi votre ſanté ma fille, vous repoſeriez mal ici, ce ſeroit une inquiétude de plus pour moi, & je n'en ſerois peut-être que plus malade. Vous demeurez ici près, j'aurai la conſolation de vous voir autant que vous le voudrez, & une Garde me ſuffira.

J'inſiſtai vivement, je ne pouvois conſentir à la laiſſer dans ce triſte & miſerable gîte, mais elle ne voulut pas m'écouter. Madame Darcire entra dans ſon ſentiment, & il fut arrêté, malgré moi, que je me contenterois de venir chez elle, en attendant qu'on pût la tranſporter ailleurs; auſſi dès que j'étois levée, je me rendois dans ſa chambre, & n'en ſortois que le ſoir. J'y dînois même le plus ſouvent, & fort mal; mais je la voyois, & j'étois contente.

Sa paralyſie m'auroit extrêmement affligée, ſi on ne nous avoit pas fait eſperer qu'elle en gueriroit ; cependant on ſe trompa.

Le lendemain de notre reconnoiſſance, elle me conta ſon hiſtoire.

Il n'y avoit pas en effet plus de dix-huit ou dix-neuf mois que le Marquis ſon mari étoit mort accablé d'infirmités. Elle avoit été fort heureuſe avec lui, & leur union n'avoit pas été alterée un inſtant pendant près de vingt ans qu'ils avoient vêcu enſemble.

Ce fils qu'il avoit eu d'elle, cet objet de tant d'amour qui étoit bien fait, mais dont elle avoit négligé de régler le cœur & l'eſprit, & que par un excès de foibleſſe & de complaiſance elle avoit laiſſé s'imbiber de tout ce que les préjugés de l'orguëil & de la vanité ont de plus ſot & de plus mépriſable ; ce fils enfin qui étoit un des plus grands partis qu'il y eut en France, avoit à peu près dix-huit ans, quand le pere, qui étoit extrêmement riche, & qui souhaitoit le voir marié avant que de mourir, proposa à la Marquise, sans l'avis de laquelle il ne faisoit rien, de parler à M. le Duc de... pour sa fille.

La Marquise qui, comme je viens de vous le dire, adoroit ce fils, & ne respiroit que pour lui, approuva non-seulement son dessein, mais le pressa de l'exécuter.

Le Duc de... qui n'auroit pû choisir un gendre plus convenable de toutes façons, accepta avec joye la proposition, arrangea tout avec lui, & quinze jours après nos jeunes gens s'épouserent.

A peine furent-ils mariés que le Marquis (je parle du pere) tomba sérieusement malade, & ne vêcu plus que six ou sept semaines. Tout le bien venoit de lui, vous sçavez que ma mere n'en avoit point, & que lorsqu'il l'avoit épousé, elle ne vivoit que sur la légitime de mon pere, dont je vous ai déja dit la valeur, & sur quelques morceaux de terre qu'elle lui avoit apportés en mariage, & qui n'étoient presque rien.

Il est vrai que le Marquis lui avoit reconnu une dote assez considerable, & de laquelle elle auroit pû vivre fort convenablement, si elle n'avoit rien changé à son état; mais sa tendresse pour le jeune Marquis l'aveugla, & peut-être falloit-il aussi qu'elle fut punie du coupable oubli de tous ses devoirs envers sa fille.

Elle eut donc l'imprudence de renoncer à tous ses droits en faveur de son fils, & de se contenter d'une pension assez modique qu'il étoit convenu de lui faire, de laquelle elle se borna d'autant plus volontiers qu'il s'engageoit à la prendre chez lui, & à la défrayer de tout.

Elle ſe retira donc chez ce fils deux jours après la mort de ſon mari, on l'y reçut d'abord avec politeſſe. Le premier mois s'y paſſe ſans qu'elle ait à ſe plaindre des façons qu'on a pour elle, mais auſſi ſans qu'elle ait à s'en louer; c'étoit de ces procedés froids quoiqu'honnêtes, dont le cœur ne ſçauroit être content; mais dont on ne pourroit ni faire ſentir, ni expliquer le défaut aux autres.

Après ce premier mois, ſon fils inſenſiblement la négligea plus qu'à l'ordinaire. Sa belle-fille qui étoit naturellement fiere & dédaigneuſe, qui avoit vû par hazard quelques Nobles du pays, venir en aſſez mauvais ordre rendre viſite à ſa belle-mere, qui la croyoit elle-même fort au-deſſous de l'honneur que feu le Marquis lui avoit fait de l'épouſer, redoubla de froideur pour elle, ſupprima de jour en jour de certains égards jusqu'alors, & se relâcha si fort sur les attentions, qu'elle en devint choquante.

Aussi ma mere, qui de son côté avoit de la hauteur, en fut-elle extrêmement offensée, & lui en marqua un jour son ressentiment.

Je vous dispense, lui dit-elle, du respect que vous me devez comme à votre belle-mere, manquez-y tant qu'il vous plaira, c'est plus votre affaire que la mienne, & je laisse au public à me vanger là-dessus ; mais je ne souffrirai point que vous me traitiez avec moins de politesse que vous n'oseriez même en avoir avec votre égale. Moi, vous manquer de politesse, Madame, lui répondit sa belle-fille en se retirant dans son cabinet ; mais vraiment le reproche est considerable, & je serois très-fachée de le mériter, quand au respect qu'on vous doit, j'espere que ce public, dont vous menacés, n'y ſera pas ſi difficile que vous.

Ma mere ſortit outrée de cette réponſe ironique, s'en plaignit quelques heures après à ſon fils, & n'eut pas lieu d'en être plus contente que de ſa belle-fille. Il ne fit que rire de la querelle qui n'étoit, diſoit-il, qu'un débat de femmes qu'elles oublieroient le lendemain l'une & l'autre, & dont il ne devoit pas ſe mêler.

Les dédains de la jeune Marquiſe pour ſa mere ne lui étoient pas nouveaux, il ſçavoit déja le peu de cas qu'elle faiſoit d'elle, & la différence qu'elle mettoit entre la petite Nobleſſe de Campagne de cette mere, & la haute naiſſance de feu le Marquis ſon pere; il l'avoit plus d'une fois entendu badiner là-deſſus, & n'en avoit point été ſcandaliſé. Ridiculement ſatisfait de la juſtice que cette jeune femme rendoit au ſang de ſon pere, il abandonnoit volontiers celui de ſa mere à ſes plaiſanteries ; peut-être le dédaignoit-il lui-même, & ne le trouvoit-il pas digne de lui, ſçait-on, les folies & les impertinences qui peuvent entrer dans la tête d'un jeune étourdi de grande condition qui n'a jamais penſé que de travers, y a-t'il de miſeres d'eſprit dont il n'étoit capable !

Enfin ma mere, que perſonne ne défendoit, qui n'avoit ni parens qui priſſent ſon parti, ni amis qui s'intéreſſaſſent à elle ; car des amis courageux & zélés en a-t'on quand on n'a plus rien, qu'on ne fait plus de figure dans le monde, & que toute la conſidération qu'on y peut eſperer eſt pour ainſi dire à la merci du bon ou du mauvais cœur de gens à qui l'on a tout donné, & dont la reconnoiſſance ou l'ingratitude ſont déſormais les arbitres de votre ſort ?

Enfin ma mere, dis-je, abandonnée de ſon fils, dédaignée de ſa belle-fille, comptée pour rien dans la maiſon où elle étoit devenuë comme un objet de riſée, où elle eſſuyoit en toute occaſion l'inſolente indifférence des Valets même pour tout ce qui la regardoit, ſortit un matin de chez ſon fils, & ſe retira dans un très-petit appartement qu'elle avoit fait louer par cette Femme de chambre, dont je viens de vous parler tout à l'heure, qui ne voulut point la quitter, & pour qui dans l'accommodement qu'elle avoit fait avec ſon fils, elle avoit auſſi retenu cent écus de penſion dont elle a été près de huit ans ſans recevoir un ſol.

Ma mere en partant laiſſa une lettre pour le jeune Marquis, où elle l'inſtruiſoit des raiſons de ſa retraite, c'eſt-à-dire, de toutes les indignités qui l'y forçoient, & lui demandoit en même tems deux quartiers de ſa propre penſion dont il ne lui avoit encore rien donné, & dont la moitié lui devenoit abſolument néceſſaire pour l'achat d'une infinité de petites choſes dont elle ne pouvoit ſe paſſer dans cette maiſon où elle alloit vivre, ou plutôt languir. Elle le prioit auſſi de lui envoyer le reſte des meubles qu'elle s'étoit reſervés en entrant chez lui, & qu'elle n'avoit pû faire tranſporter en entier le jour de ſa ſortie.

Son fils ne reçut la lettre que le ſoir à ſon retour d'une partie de chaſſe, du moins l'aſſura-t'il ainſi à ſa mere qu'il vint voir le lendemain, & à qui il dit que la Marquiſe ſeroit venuë avec lui ſi elle n'avoit pas été indiſpoſée.

Il voulut l'engager à retourner, il ne voyoit, diſoit-il, dans ſa ſortie que l'effet d'une mauvaiſe humeur qui n'avoit point de fondement; il n'étoit queſtion dans tout ce qu'elle lui avoit écrit que de pures bagatelles qui ne méritoient pas d'attention; vouloit-elle passer pour la femme du monde la plus épineuse, la plus emportée, & avec qui il étoit impossible de vivre, & mille autres discours qu'il lui tint, & qui n'étoient pas propres à persuader.

Aussi ne les écouta-t'elle pas, & les combattit-elle avec une force dont il ne pût se tirer qu'en traitant tout ce qu'elle lui disoit d'illusions, & qu'en feignant de ne la pas entendre.

Le resultat de sa visite, après avoir bien levé les épaules & joint cent fois les mains d'étonnement, fut de lui promettre, en sortant, d'envoyer l'argent qu'elle demandoit avec tous les meubles qu'il lui falloit, qui lui appartenoient; mais qu'on lui changea en partie, & ausquels on en substitua de plus médiocres & de moindre valeur,

qui

qui par-là ne ſurent preſque d'aucune reſſource pour elle quand elle fut obligée de les vendre pour ſubvenir aux extrémités preſſantes où elle ſe trouva dans la ſuite ; car cette penſion dont elle avoit prié qu'on lui avança deux quartiers, & ſur laquelle elle ne reçut tout au plus que le tiers de la ſomme, continua toujours d'être ſi mal payée qu'il fallut à la fin quitter ſon appartement, & paſſer ſucceſſivement de chambres en chambres garnies, ſuivant ſon plus ou moins d'exactitude à ſatisfaire les gens de qui elle les louoit.

Ce fut dans le tems de ces triſtes & fréquens changemens de lieux, qu'elle ſe défit de cette fidelle Femme de chambre que rien de tout cela n'avoit rebutée, qui ne ſe ſépara d'elle qu'à regret, & qu'elle plaça chez la Marquiſe de Viry.

Ce fut auſſi dans cette ſituation que la veuve d'un Officier, à qui elle avoit autrefois rendu un service important, offrit de l'emmener pour quelques mois à une petite Terre qu'elle avoit à vingt lieuës de Paris, & où elle alloit vivre.

Ma mere qui l'y suivit, y eut une maladie, qui malgré les secours de cette veuve plus généreuse que riche, lui coûta presque tout l'argent qu'elle y avoit apporté. De sorte qu'après deux mois & demi de séjour dans cette Terre, & se voyant un peu rétablie, elle prit le parti de revenir à Paris pour voir son fils, & pour tirer de lui plus de neuf mois de pension qu'il lui devoit, ou pour employer même contre lui les voyes de Justice, si la dureté de ce fils ingrat l'y forçoit.

La Terre de la Veuve n'étoit qu'à un demi-quart de lieuë de l'endroit où la Voiture que nous avions prises s'arrêtoit; ma mere l'y joignit comme vous l'avez vû, & nous y trouvâmes Madame Darcire & moi. Voilà de quelle façon nous nous rencontrâmes ; elle n'étoit point en état de faire de la dépense ; elle avoit dessein de vivre à part ; de se séparer de nous dans le repas, & pour éviter de nous donner le spectacle d'une femme de condition dans l'indigence ; elle crut devoir changer de nom, & en prendre un qui m'empêcha de la reconnoître. Revenons à présent où nous en étions.

Huit jours après notre reconnoissance chez cet Aubergiste, nous jugeâmes qu'il étoit tems d'aller parler à son fils, & que sans doute il seroit de retour de sa Campagne. Madame Darcire voulut encore m'y accompagner.

Nous nous y rendîmes donc avec une lettre de ma mere qui lui apprenoit que j'étois sa sœur dans la supposition qu'il dîneroit chez lui, nous obſervâmes de n'y arriver qu'à une heure & demie de peur de le manquer. Mais nous n'étions pas deſtinées à le trouver ſi-tôt; il n'y avoit encore que la Marquiſe qui fut de retour, & l'on n'attendoit le Marquis que le ſurlendemain.

N'importe, me dit Madame Darcire, demandez à voir la Marquiſe, & c'étoit bien mon intention. Nous montâmes donc chez elle; on lui annonce Mademoiſelle de Tervire avec une autre Dame, & pendant que nous lui entendons dire qu'elle ne ſçait qui nous ſommes, nous entrons.

Il y avoit chez elle une aſſez nombreuſe compagnie qui devoit apparemment y dîner. Elle s'avança vers moi qui m'approchois d'elle, & me regarda d'un air qui ſembloit dire, que me veut-elle?

Quant à moi à qui ni le rang qu'elle tenoit à Paris & à la Cour, ni ses titres, ni le faste de sa maison n'en imposoient, & qui ne voyoit tout simplement en elle que ma belle-sœur, qui m'étoit d'ailleurs fait annoncer sous le nom de Tervire dont j'avois lieu de croire qu'elle avoit du moins entendu parler, puisque c'étoit celui de sa belle-mere ; j'allai à elle d'une maniere assez tranquille, mais polie, pour l'embrasser.

Je vis le moment où elle douta si elle me laisseroit prendre cette liberté là (je parle suivant la pensée qu'elle eut peut-être, & qui me parut signifier ce que je vous dis.) Cependant toute réflexion faite, elle n'osa pas se refuser à ma politesse, & le seul expédient qu'elle y sçut pour y répondre sans conséquence, fut de s'y prêter par un léger baissement de tête qui avoit l'air forcé, & qu'elle accordoit nonchalament à mes avances.

Je sentis tout cela, & malgré

mon peu d'usage je démêlai à sa contenance paresseuse & hautaine toutes ces petites fiertés qu'elle avoit dans l'esprit ; notre orguëil nous met si vîte au fait de celui des autres, & en général les finesses de l'orguëil sont toujours si grossieres, & puis j'étois déja instruite du sien, on m'avoit prévenu contre elle.

Joignez encore à cela une chose qui n'est pas si indifférente en pareil cas ; c'est que j'étois, à ce qu'on disoit alors, d'une figure assez distinguée ; je me tenois bien, & il n'y avoit personne, qui à ma façon de me présenter, dût se faire une peine de m'avouer pour parente ou pour alliée.

Madame, lui dis-je, je juge par l'étonnement où vous êtes qu'on vous a mal dit mon nom qui ne sçauroit vous être inconnu, je m'appelle Tervire.

Elle continuoit toujours de me

regarder ſans me répondre ; je ne doutai pas que ce ne fut encore une hauteur de ſa part, & je ſuis la ſœur de M. le Marquis, ajoutai-je tout de ſuite.

Je ſuis bien fachée, Mademoiſelle, qu'il ne ſoit pas ici, me repartit-elle, en nous faiſant aſſeoir, il n'y ſera que dans deux jours.

On me l'a dit, Madame, repris-je ; mais ma viſite n'eſt pas pour lui ſeul, & je venois auſſi pour avoir l'honneur de vous voir. (Ce ne fut pas ſans beaucoup de répugnance que je finis ma réponſe par ce compliment là ; mais il faut être honnête pour ſoi, quoique ſouvent ceux à qui l'on parle, ne méritent pas qu'on le ſoit pour eux,) & d'ailleurs, ajoutai-je, ſans m'interrompre, il s'agit d'une affaire extrêmement preſſée qui doit nous intéreſſer mon frere & moi, & vous auſſi Madame, puiſqu'elle regarde ma mere.

Ce n'eſt pas à moi, me dit-elle en ſouriant, qu'elle a coutume de s'adreſſer pour ſes affaires, & je crois qu'à cet égard là, Mademoiſelle, il vaut mieux attendre que M. le Marquis ſoit revenu, vous vous en expliquerez avec lui. Son indifférence là-deſſus me choqua ; je vis aux mines de tous ceux qui étoient préſens, qu'on nous écoutoit avec quelque attention ; je venois de me nommer ; les airs froids de la jeune Marquiſe ne paroiſſoient pas me faire une grande impreſſion ; je lui parlois avec une aiſance ferme qui commençoit à me donner de l'importance, & qui rendoit les aſſiſtans curieux de ce que deviendroit notre entretien, car voilà comme ſont les hommes ; de façon que pour punir la Marquiſe du peu de ſouci qu'elle prenoit de ma mere, je réſolus ſur le champ d'en venir à une diſcuſſion qu'elle vouloit éloigner,

gner, ou comme fatiguante, ou comme étrangere à elle, & peut-être aussi comme honteuse.

Il est vrai que ceux que j'aurois pour témoins étoient ses amis; mais je jugeois que leur attention curieuse & maligne les disposoit favorablement pour moi, & qu'elle alloit leur tenir lieu d'équité.

J'étois avec cela bien persuadée qu'ils ne sçavoient pas l'horrible situation de ma mere, & j'aurois pû les défier, ce me semble, de quelque caractere qu'ils fussent, raisonnables ou non, de n'en être pas scandalisés quand ils la sçauroient.

Madame, lui dis-je donc, les affaires de ma mere sont bien simples & bien faciles à entendre, tout se reduit à de l'argent qu'elle demande, & dont vous n'ignorez pas qu'elle ne sçauroit se passer.

Je viens de vous dire, repartit-elle, que c'est à M. le Marquis qu'il faut parler, qu'il sera ici incessamment, & que ce n'est pas moi qui me mêle de l'arrangement qu'ils ont là-dessus ensemble.

Mais, Madame, lui répondis-je en tournant aussi bien qu'elle, tout cet arrangement ne consiste qu'à acquitter une pension qu'on a négligé de payer depuis près d'un an, & vous pouvez, sans aucun inconvenient, vous mêler des embarras d'une belle-mere qui vous a aimée jusqu'à vous donner tout ce qu'elle avoit.

J'ai oüi dire qu'elle tenoit elle-même tout ce qu'elle vous a donné, de feu M. le Marquis, reprit-elle d'un ton presque mocqueur, & je ne me crois pas obligée de remercier Madame votre mere de ce que son fils est l'héritier de son pere.

Prenez donc garde, Madame, que cette mere s'appelle aujourd'hui la vôtre, aussi bien que la mienne, répondis-je, & que vous en parlez comme d'une étrangere, ou comme d'une personne à qui vous seriez fachée d'appartenir.

Qui vous dit que j'en suis fachée, Mademoiselle? reprit-elle, & à quoi me serviroit-il de l'être? en seroit-elle moins ma belle-mere? puisqu'enfin elle l'est devenuë, & qu'il a plu à feu M. le Marquis de la donner pour mere à son fils.

Faites-vous bien réflexion à l'étrange discours que vous tenez-là, Madame, lui dis-je en la regardant avec une espece de pitié? que signifie ce reproche que vous faites à feu M. le Marquis, de son mariage? Car enfin s'il ne lui avoit pas plû d'épouser ma mere, son fils apparemment n'auroit jamais été au monde, & ne seroit pas aujourd'hui votre mari; est-ce que vous voudriez qu'il ne fut pas né? on le croiroit; mais assurement ce n'eſt pas là ce que vous entendez ; je ſuis perſuadée que mon frere vous eſt cher, & que vous êtes bien aiſe qu'il vive ; mais ce que vous voulez dire, c'eſt que vous lui ſouhaiteriez une mere de meilleure Maiſon que la ſienne, n'eſt-il pas vrai ? Eh bien, Madame, s'il n'y a que cela qui vous chagrine, que votre fierté ſoit en repos là-deſſus ; M. le Marquis étoit plus riche qu'elle, j'en conviens, & de ce côté-là vous pouvez vous plaindre de lui tant qu'il vous plaira, je ne la défendrai pas. Quant au reſte ſoyez convaincuë que ſa naiſſance valloit la ſienne, qu'il ne ſe fit aucun tort en l'épouſant, & que toute la Province vous le dira. Je m'étonne que mon frere ne vous en ai pas inſtruit lui-même, & Madame Darcire que vous voyez, avec qui je ſuis arrivée à Paris, & dont je ne doute pas que le nom n'y ſoit connu, voudra bien joindre ſon témoignage au mien. Ainſi, Madame, ajoutai-je, ſans lui donner le tems de répondre, reconnoiſſez-la en toute ſureté pour votre belle-mere, vous ne riſquez rien ; rendez-lui hardiment tous les devoirs de belle-fille que vous lui avez refuſés juſqu'ici ; reparez l'injuſtice de vos dédains paſſés, qui ont dû déplaire à tous ceux qui les ont vû, qui vous ont ſans doute gênée vous-même, qui auroient toujours été injuſtes, quand ma mere auroit été mille fois moins que vous ne l'avez crûë, & reprenez pour elle des façons & des ſentimens dignes de vous, de votre éducation, de votre bon cœur, & de tous les témoignages qu'elle vous a donnés des tendreſſes du ſien, par la confiance avec laquelle elle s'eſt fiée à vous & à ſon fils de ce qu'elle deviendroit le reſte de ſa vie.

Vous feriez vraiment d'excellens

ſermons, dit-elle alors, en ſe levant d'un air qu'elle tâchoit de rendre indifférent & diſtrait, & j'entendrois volontiers le reſte du vôtre; mais il n'y a qu'à le remettre, on vient nous dire qu'on a ſervi : dînez-vous avec nous, Meſdames?

Non, Madame, je vous rends grace, répondis-je, en me levant auſſi avec quelque indignation, & je n'ai plus que deux mots à ajouter à ce que vous appellez mon ſermon. Ma mere qui ne s'eſt rien réſervée, & que vous & ſon fils avez tous deux abandonnée aux plus affreuſes extrêmités, qui a été forcée de vendre juſqu'aux meubles de rebus que vous lui aviez envoyés, & qui n'étoient point ceux qu'elle avoit gardés; enfin cette mere qui n'a crû, ni ſon fils, ni vous, Madame, capables de manquer de reconnoiſſance, qui moyennant une penſion très-médiocre, dont on est convenu, a bien voulu renoncer à tous ses droits par la bonne opinion qu'elle avoit de son cœur & du vôtre ; elle que vous aviez tous deux engagée à venir chez vous pour y être servie, aimée, respectée autant qu'elle le devoit être, qui n'y a cependant essuyé que des affronts, qui s'y est vûe rebutée, méprisée, insultée, & que par-là vous avez forcée d'en sortir pour aller vivre ailleurs d'une petite pension qu'on ne lui paye point, qu'elle n'avoit eu garde d'envisager comme une ressource, qui est cependant le seul bien qui lui reste, & dont la médiocrité même est une si grande preuve de sa confiance ; cette belle-mere infortunée, si punie d'en avoir crû sa tendresse, & dont les intérêts vous importent si peu ; je viens vous dire, Madame, que tout lui manquoit hier, qu'elle étoit dans les derniers besoins, qu'on l'a trouvée ne sçachant ni où se retirer, ni où aller vivre; qu'elle est actuellement malade, & logée dans une miserable Auberge où elle occupe une chambre obscure qu'elle ne pouvoit pas payer, & dont on alloit la mettre dehors à moitié mourante, sans une femme de ce quartier-là qui passoit, qui ne la connoissoit pas, & qui a euë pitié d'elle; je dis pitié à la lettre, ajoutai-je, car cela ne s'appelle pas autrement, & il n'y a plus moyen de menager les termes (& effectivement vous ne sçauriez croire tout l'effet que ce mot produisit sur ceux qui étoient présens, & ce mot qui les remua tant, peut-être auroit-il blessé leurs oreilles délicates, & leur auroit-il paru ignoble & de mauvais goût, si je n'avois pas compris, je ne sçai comment, que pour en ôter la bassesse, & pour le rendre touchant il falloit fortement appuyer dessus, & paroître surmonter la peine & la confusion qu'il me faisoit à moi-même.)

Aussi les vis-je tous lever les mains, & donner par différens gestes des marques de surprise & d'émotion.

Ouï, Madame, repris-je, voilà quelle étoit la situation de votre belle-mere quand nous l'avons été voir, on alloit vendre ou du moins retenir son linge & ses habits, quand cette femme, dont je parle, a payé pour elle, sans sçavoir qui elle étoit, par pure humanité & sans prétendre lui faire un prêt.

Elle est encore dans cette Auberge dont son état ne nous a pas permis de la tirer. Cette Auberge, Madame, est dans tel quartier, dans telle ruë, & à telle enseigne: consultez-vous là-dessus, consultez ces Messieurs qui sont vos amis, je ne veux qu'eux pour juges entre vous & la Marquiſe votre belle-mere ; voyez ſi vous avez encore le courage de dire que vous ne vous mêlez point de ſes affaires. Mon frere eſt abſent, voici une lettre qu'elle lui écrit, que je lui portois de ſa part, & je vous la laiſſe, adieu, Madame.

Une cloche qui appelloit alors mon amie la Religieuſe à ſes exercices, l'empêcha d'achever cette Hiſtoirequi m'avoit heureuſement diſtraite de mes triſtes penſées, qui avoit duré plus long-tems qu'elle n'avoit cru elle-même, & dont je vous envoyerai inceſſamment la fin avec la continuation de mes propres Avantures.

Fin de la onziéme Partie.

www.ingramcontent.com/pod-product-compliance
Lightning Source LLC
LaVergne TN
LVHW010615110826
845149LV00003B/918

* 9 7 8 2 0 1 2 1 5 9 9 4 5 *